SOMOS LOS
EGIPCIOS

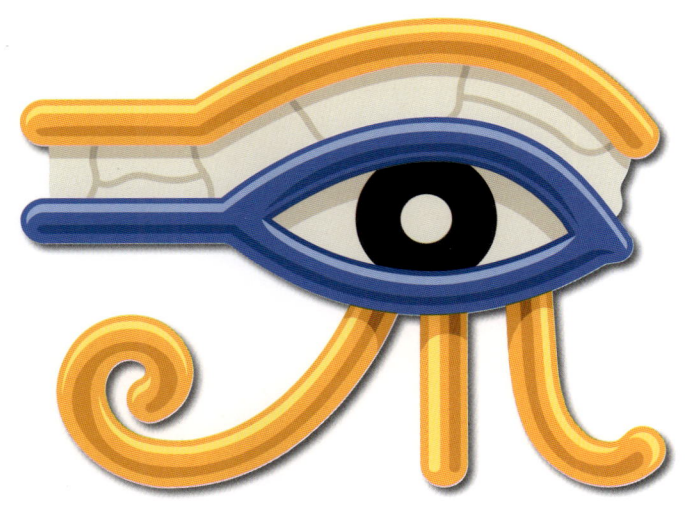

LIBSA

© 2025, Editorial Libsa
C/ Puerto de Navacerrada, 88
28935 Móstoles (Madrid)
Tel.: (34) 91 657 25 80
e-mail: libsa@libsa.es
www.libsa.es

ISBN: 978-84-662-4347-6

Textos: Carla Nieto Martínez
Ilustración: Dean Grey · Advocate Art

DL: M 16909-2024

CONTENIDO

SOY FARAÓN

Me llamo Ramsés (un nombre muy común entre los que desempeñan mi oficio) y soy faraón o, lo que es lo mismo, el superjefe de los habitantes del Antiguo Egipto.

Nadie en Egipto tiene más poder que yo, pero ser faraón es una enorme responsabilidad, ya que debo estar pendiente de todo lo que ocurre en mis territorios y más allá de sus fronteras.

La principal misión de un faraón es mantener el orden, haciendo respetar las normas y la tradición, y asegurar el buen funcionamiento de Egipto y, también, del Universo, un encargo hecho por los dioses, con quienes tengo línea directa, mediando entre ellos y los hombres.

Mi agenda está siempre llena, ya que trabajo muchas horas al día. Como jefe de la Administración, superviso cualquier problema que surge en mi reino, para asegurar el cumplimiento de la ley. También me encargo de negociar con los gobernantes vecinos y con los embajadores que me visitan.

Además, como responsable máximo del ejército, debo liderar las campañas militares, garantizar la seguridad ante ataques enemigos y capitanear la conquista de nuevos territorios.

Otra de mis funciones (mi preferida) es diseñar y dirigir la construcción de templos y monumentos. ¡Me encanta pasearme para ver cómo van las obras! Y también tengo obligaciones religiosas, entre ellas, organizar festivales para honrar a los dioses y realizar rituales para favorecer la prosperidad del pueblo y la fertilidad de la tierra.

Como se cree que el faraón es inmortal y posee poderes divinos, es normal que los súbditos se postren ante mí como señal de respeto cuando me ven (es imposible no reconocerme debido a los atributos que siempre llevo).

El nombre de mi oficio procede de la palabra *per-aa*, que significa «la casa grande», en referencia al palacio real que es el centro de la corte y en el que vivo con mi familia, despacho a diario con mis funcionarios y celebro grandes banquetes… que no todo va a ser trabajar.

▷ La monarquía egipcia duró más de 3 000 años. El primero de los faraones que gobernó durante este tiempo fue Narmer, en el 3 000 a.C.

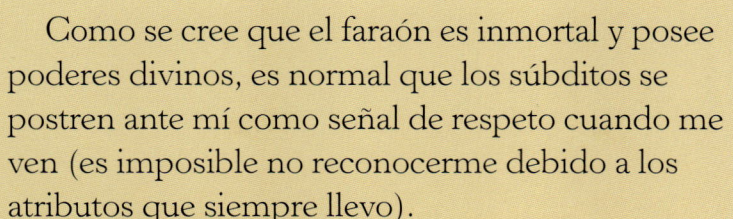

LOS ATRIBUTOS DEL FARAÓN

Lo más característico del atuendo del faraón es la doble corona (*pschent*) que representa las dos partes en las que estaba dividido Egipto: el Alto (color blanco) y el Bajo (color rojo). En medio de la corona hay una serpiente (*uraeus*), elemento de protección y símbolo exclusivo de la realeza. También lleva dos cetros: uno curvo y otro en forma de látigo. Y si hay algo que no puede faltar en un faraón es la barba postiza que siempre luce en su rostro.

▷ El faraón delegaba algunas responsabilidades en sus funcionarios: los sacerdotes (templos), el visir (la administración) y los generales (ejército).

5

SOY GRAN ESPOSA REAL

Mi nombre es Ahhotep, pero prefiero que os dirijáis a mí como Gran Esposa Real, que es el título que ostento y al que me dedico con gran orgullo.

Los faraones pueden tener varias mujeres, pero solo una –es decir, yo– puede ostentar el título de Gran Esposa Real, que significa que es la principal, la *number one* y la que tiene más privilegios (y, también, más obligaciones).

La Gran Esposa debe dar un heredero al reino y acompañar al faraón en todos sus compromisos. Al igual que nuestros maridos, tenemos categoría de divinidad (se nos considera la personificación de Nut, diosa del cielo) y desempeñamos un gran papel en las ceremonias religiosas, organizando los cultos y oficiando los ritos.

La ocupación a la que dedico más tiempo es gobernar la Casa Jeneret: dirijo a los funcionarios y administradores; doy las pautas a los sirvientes para asegurar el buen funcionamiento de todo, y organizo los cursos y talleres a los que asisten las mujeres que viven allí.

Todas estas tareas las hago encantada. Lo que ya no llevo tan bien es tratar con las «esposas reales secundarias» que viven en esa casa. Sí, ya sé que lo ideal sería que nos lleváramos bien entre nosotras (al fin y al cabo, nuestros hijos son hermanos), pero esto casi nunca ocurre, primero, porque son unas envidiosas, murmuran a mi espalda y les molesta mi estatus de preferida (a pesar de que yo intento no comportarme como una diva… que lo soy), y, también, por las continuas intrigas y rivalidades para «adelantar» a sus retoños en la línea sucesoria. De hecho, siempre hay guardianes 24 horas encargados de evitar que las peleas vayan a más.

También les da mucha rabia a las segundonas —perdón, secundarias— que yo sea la única que vive en palacio, junto a mi marido y el heredero, y lo ideal que es mi *outfit*, sobre todo la corona Atef, adornada con el cuerno de la diosa Hathor, el disco solar y dos preciosas plumas de avestruz. La verdad es que cuando me la pongo luzco espectacular… por algo soy «la elegida».

CASA JENERET

Era una institución importantísima y un espacio privilegiado en el que las esposas secundarias y otras damas de la corte recibían clases de danza y música; aprendían a confeccionar vestidos, elaborar productos de belleza y aseo, etc., y adquirían un nivel cultural que les permitía, además de tener independencia económica, poner en marcha negocios, hacer inversiones y desempeñar tareas de estado igual que los hombres.

▷ Algunas esposas secundarias eran princesas extranjeras que llegaban a la corte a través de intercambios para reforzar alianzas con los territorios vecinos de Egipto.

▷ La jerarquía real femenina estaba encabezada por la Gran Esposa, seguida de la Madre del Rey, las esposas secundarias, las hijas del faraón y las hermanas del monarca.

SOY VISIR

Yo, Kagemni, ejerzo uno de los cargos más importantes y con más poder del Antiguo Egipto: visir.

El cargo de los cargos; la mano derecha del faraón; el funcionario más influyente y multifunción… Todo eso y mucho más somos los visires, los número 2 en la escala del poder.

Yo soy el «primer ministro», encargado de ejecutar las decisiones que toma el monarca y –no lo dudéis– su hombre de absoluta confianza.

Para ser visir hay que pasar un largo periodo de formación en la corte (¡más de 20 años!) y desarrollar una amplia carrera administrativa (aunque haya algunos que dicen que nos eligen «a dedo»…).

Me encargo del 99 % de las cosas importantes, pero hay dos fundamentales: sustituir al faraón e informarle de todo lo que ocurre en Egipto y alrededores. También soy el intermediario entre él y el resto de los funcionarios.

Dirijo varios «ministerios»: Doble Granero (almacenamiento del grano); Trabajos del Rey (dar el OK y vigilar todas las construcciones); Doble Tesoro (custodia de materiales preciosos); Archivos Reales (documentos sobre el funcionamiento del país)… Y, por si fuera poco, me toca administrar la *Maat* (justicia).

Mi jornada es agotadora: me levanto antes del amanecer y, tras mi baño-purificación, recibo a los servidores y funcionarios que me comunican todo lo ocurrido desde el día anterior (¡qué cantidad de información tengo que asimilar desde primera hora!).

A continuación me dirijo a las dependencias de mi jefe, y nada más atravesar la «Gran Puerta», primero me intereso por su salud (como contempla el protocolo) y luego le cuento las novedades y recibo sus órdenes. A lo largo del día despacho con él un par de veces más y por fin, al anochecer, me retiro a mis aposentos dentro de palacio.

Mi lealtad es incuestionable y mi dedicación absoluta, así que creo que tanto mi estupenda paga como todos los privilegios de los que disfruto son merecidísimos.

EL JUEZ DE LA *MAAT*

El visir tenía que asegurar el correcto funcionamiento de la *Maat* (justicia); de hecho, su cargo exigía juzgar los delitos más graves. En los juicios, el visir se sentaba en una silla con una alfombra en el suelo y un estrado encima de ella; apoyado en dos cojines (en la espalda y debajo de los pies) y con un bastón en la mano. Delante de él, sujetados por funcionarios, se desplegaban los rollos de piel (donde se escribían los documentos legales y sentencias) que le servían de «jurisprudencia» para emitir una sentencia justa y equitativa.

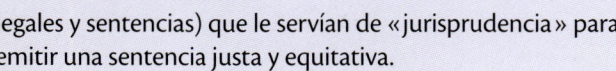

SOY SACERDOTE

Me presento: soy Ankhefenkonsu, sacerdote de Amón de la dinastía XXII, y mi oficio está rodeado de rituales y mucha solemnidad.

No nos dirigimos a los fieles ni pronunciamos sermones: en el Antiguo Egipto, los sacerdotes tenemos una ocupación especial que, además, supone todo un honor: cuidar 24/7 al dios que habita en el *sanctasantorum* (capilla sagrada de acceso restringido) del templo en que vivimos.

Oficialmente este cometido le corresponde al faraón, considerado el «Primer Sacerdote», pero como el pobre está tan ocupado delega en nosotros (somos sus funcionarios VIP).

Todos los días sigo la misma rutina: me levanto al salir el sol y, tras someterme al ritual de purificación, voy a la capilla e inicio el rito de cuidados del dios, que consiste en lavarlo, vestirlo, maquillarlo y ponerle sus joyas. Después, entono unos cánticos y oraciones y voy a la puerta del templo para recoger las ofrendas que allí depositan los ciudadanos. Las preparo y se las presento a la divinidad.

Lo alimento tres veces al día (sí, es cierto que se trata de una estatua, pero para nosotros es como si estuviese vivo…). Al anochecer, barro la capilla para eliminar cualquier rastro de impureza. También organizo las procesiones en las que el dios sale al exterior subido a una barca divina (de cuyo cuidado también me ocupo).

Para ser sacerdote es necesario tener conocimientos de matemáticas, arquitectura, magia o astronomía, aunque los mejor posicionados son los que también son escribas. Tienen el rango de «sacerdote lector» y resultan imprescindibles en cualquier ceremonia. Otras

categorías son el sacerdote músico, el horario, el encargado de los horóscopos…

Por nuestro trabajo recibimos tierras y riquezas, y no pagamos impuestos. Pero, como en todo oficio, también hay aspectos menos agradables: dormir sobre una esterilla en el suelo; lucir siempre el mismo *look* y estar todo el día rodeados de incienso, lo que, sinceramente, llega a resultar un poco aburrido…

RITUAL DE PURIFICACIÓN

El sacerdote solo podía llevar prendas de lino. No podía comer carne de cordero, cerdo, verdura, sal y aceite ni beber vino. Tenía que lavarse varias veces al día, la primera de ellas al amanecer, con agua fría del Nilo; e ir completamente rapado, afeitado y depilado, para eliminar cualquier posibilidad de transportar en su cuerpo algún piojo (muy abundantes en esa época), un exhaustivo ritual de purificación diario.

▶ Había mujeres sacerdotisas que ayudaban en los rituales. La más importante era la Divina Adoratriz, que llegó a tener mucho poder.

▶ Lo habitual es que en el templo hubiera varios sacerdotes: uno principal y el resto auxiliares. El récord lo tiene el templo de Amón en Karnak, que llegó a tener ¡cerca de 80 000 sacerdotes! en tiempos de Ramsés III.

SOY SACERDOTISA

Mi nombre es Henutmehyt y soy una de las sacerdotisas que trabajan en los templos, ya que en Egipto las mujeres podemos desempeñar las más altas funciones sagradas.

El «centro de trabajo» de las *hemet* (sacerdotisas) es un templo dedicado a una divinidad femenina (Hathor, Neith…). Tenemos las mismas condiciones laborales que nuestros colegas masculinos: cobramos un sueldo similar y, como ellos, podemos ocupar cargos de responsabilidad.

«Graduarse» como sacerdotisa supone superar con nota un largo periodo de formación en las escuelas sacerdotales que hay dentro de los templos, pues para ejercer este oficio se exige tener un nivel cultural alto y, sobre todo, saber leer y escribir.

Hay distintas categorías (*phyles*) de sacerdotisas, pero todas tenemos la misma «jefa»: la esposa del faraón, que recibe el título de «Gran Sacerdotisa». Ella coordina nuestro trabajo, así que cada una tiene muy claras cuáles son sus funciones.

En mi caso, soy una *hemet* superocupada: superviso el trabajo de las mujeres que viven en el templo, dirijo el culto y los ritos funerarios, participo en las liturgias, organizo los numerosos actos de las festividades e intervengo en multitud de eventos oficiales y, también, privados (¿Os cuento un secreto? muchas mujeres quieren tenernos a su lado cuando dan a luz, ya que piensan que nuestra presencia protege al bebé de cualquier mal en el futuro).

Aunque mostramos una actitud muy solemne, tenemos una gran vena artística –a veces hasta folklórica– que se «desata»

en las coreografías y espectáculos en los que participamos y que demuestran lo buenas bailarinas y cantantes que somos.

Nuestro «look» es inconfundible: un largo vestido blanco adornado con cintas de hilo rojo, con siete nudos cada una, en homenaje a las pioneras del sacerdocio femenino: las siete mujeres encargadas de los misterios de Hathor.

Un dato más que indica nuestro poder es que además de la labor religiosa, muchas también ejercemos otra profesión, así que es frecuente encontrarse con sacerdotisas-maestras o sacerdotisas-médico que desempeñan a la perfección ambas tareas.

LOS *PHYLE*

Según su función en el templo, las sacerdotisas se dividían en cuatro jerarquías o grupos llamados *phyle*, encabezados por las *hemut-neter* («las que sirven a la potencia divina»), seguidas de «las que aman o son amadas»; «las que velan» y las «purificadas». Asimismo, había unas «sacerdotisas de alto rango», que supervisaban y coordinaban a todos los grupos, y otros mandos intermedios, como la «directora jefa de todo el personal femenino del templo».

▶ Algunas mujeres accedían directamente al sacerdocio por decisión de sus familiares (algo frecuente entre las familias nobles) o por matrimonio; es el caso de algunas esposas de sacerdotes que compartían con ellos sus funciones, adquiriendo ellas también el rango sacerdotal.

▶ Muchas sacerdotisas —generalmente se trataba de princesas— llegaron a ser consideradas mujeres sagradas y recibieron el título de «Gran Adoratriz», lo que las situaba en una posición privilegiada, ya que ostentaban un gran poder, tanto religioso como político.

SOY ESCRIBA

Mi nombre es Ptahhotep, pero todos me conocen como «el señor escriba» y me tratan de usted, pues mi trabajo es uno de los más valorados, respetados y, también, envidiados.

Está mal que yo lo diga, pero es la verdad: ser escriba es un oficio muy importante en el Antiguo Egipto. Consiste fundamentalmente en poner por escrito todo tipo de documentos por encargo de otras personas, una tarea que nos convierte en imprescindibles, ya que la gran mayoría de la población no sabe leer ni escribir (ni siquiera los faraones y los funcionarios reales…).

Estamos muy bien relacionados, recibimos un salario estupendo y disfrutamos de muchos privilegios y gran prestigio social.

Asistimos durante muchos años a escuelas especiales donde, además de leer y escribir, aprendemos otras habilidades, como el cálculo.

Trabajamos fundamentalmente en tres sitios: el palacio real, los templos y la administración, y no tenemos una oficina, sino que siempre vamos con nuestros utensilios de escritura a cuestas.

Mis colegas que trabajan en los templos escriben textos sagrados y documentos relacionados con el culto y las celebraciones religiosas.

Los escribas reales pertenecen a otro nivel: se convierten en consejeros –y casi confidentes– del faraón, ya que toman nota de todo lo que este habla en sus reuniones; transcriben sus órdenes y manejan información confidencial (secretos de estado y estrategias militares).

▶ Los futuros escribas entraban a la escuela a los 5-6 años y seguían un método basado en copias, dictados y ejercicios de memoria, con el que llegaban a dominar la escritura de signos (jeroglíficos), que era dificilísima.

Los escribas administrativos, a los que pertenezco, somos (y disculpad de nuevo mi vanidad) absolutamente esenciales para el buen funcionamiento del país, pues ponemos por escrito todo lo referente al desarrollo de las construcciones, las cosechas, el censo del ganado… También evaluamos los impuestos y copiamos las leyes.

Algunos piensan que estamos sobrevalorados porque trabajamos sentados y sin hacer esfuerzos. No es cierto: pasamos muchas horas en la misma postura (uf, qué agujetas…) y con la tensión de no poder apoyar la mano sobre el papiro para evitar borrones…

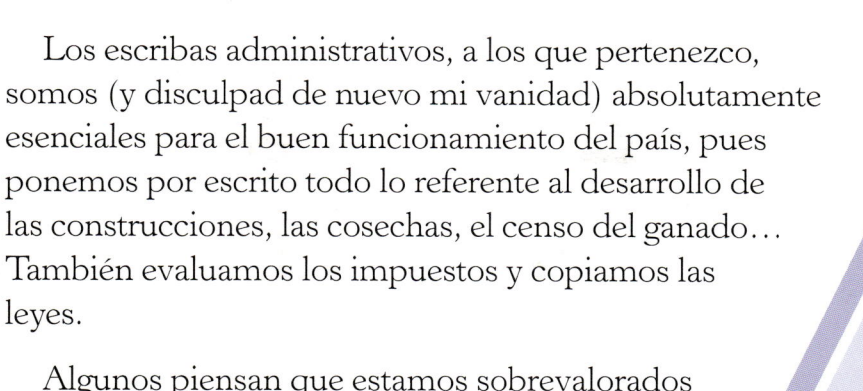

LOS UTENSILIOS DE ESCRITURA

Los escribas llevaban una bolsa de tela en la que guardaban un estuche que contenía tinta de dos colores (rojo y negro), en forma de bloque o pastilla; un cuenco o tintero para disolver la tinta en agua; y un cálamo (tallo de junco) al que mordisqueaban un extremo para darle forma de pincel y mojarlo en la tinta. El material de oficina se completaba con rollos de papiro y una tablilla para apoyar.

Gracias al arte egipcio conocemos la postura en la que trabajaban los escribas: sentados, con las piernas cruzadas y las hojas de papiro desenrolladas sobre sus rodillas. Para estar más cómodos, vestían una falda de cuero.

15

SOY EMBALSAMADOR

Mi nombre es Nebamun y cuando muere un hombre o una mujer rica, preparo su cuerpo para el entierro.

Los egipcios creemos que cuando las personas mueren y van al Campo de Juncos van a necesitar su cuerpo; por eso tenemos mucho cuidado de preservarlo antes de que sea enterrado. A esto lo llamamos momificación. Preparar una momia es un proceso complicado pero importante.

Cuento con asistentes que primero lavan el cuerpo con agua del Nilo y vino de palma. Luego hacen una pequeña incisión en un lado del cuerpo para sacar los órganos internos. Estos luego se cubren con natrón, un tipo de sal que se encuentra en el desierto, que seca los órganos y evita que se enmohezcan. Yo soy el encargado de extraer el cerebro con un largo gancho de metal sacándolo por la nariz del muerto.

Introducimos más natrón en el cuerpo y lo dejamos secar durante 40 días. Luego se vuelve a lavar y la piel se frota con aceite de olor dulce. Los órganos están envueltos en tela de lino. Nuestros antepasados los ponían en recipientes llamados vasos canopos, decorados con las cabezas de los animales que representaban

▶ El tipo de momificación más complejo y caro tardaba 70 días. En el caso de los pobres, el embalsamiento se reducía a sumergir el cuerpo en sal sódica.

a nuestros dioses. En estos días se vuelven a poner junto al cuerpo para que la persona tenga todo lo que necesita en el Campo de Juncos.

Luego, el cuerpo se envuelve con más lino cortado en tiras largas. Para endurecerlas, pinto las tiras con un jugo pegajoso de los pinos llamado resina.

Un sacerdote ataviado con una máscara de Anubis reza siguiendo el rito de la momificación. Yo escondo amuletos mágicos entre las tiras para traer buena suerte. Después, el cuerpo se coloca en un sarcófago o ataúd de madera bellamente pintado, y luego en el interior de uno aún más grande tallado en piedra. A menudo, un artista pintará una cara en el de madera para mostrar cómo era la persona.

¿PORQUÉ ESTABA PRESENTE ANUBIS?

Anubis era el Dios de los muertos y de los embalsamamientos. Fue el primero en hacer una momia, por lo que se convirtió en el experto en preservar a los muertos para que pudieran llegar a la otra vida en buenas condiciones, y por eso siempre presidía los ritos del embalsamamiento. Llegó a ser el patrón de los que preparaban los cuerpos para el viaje a la otra vida.

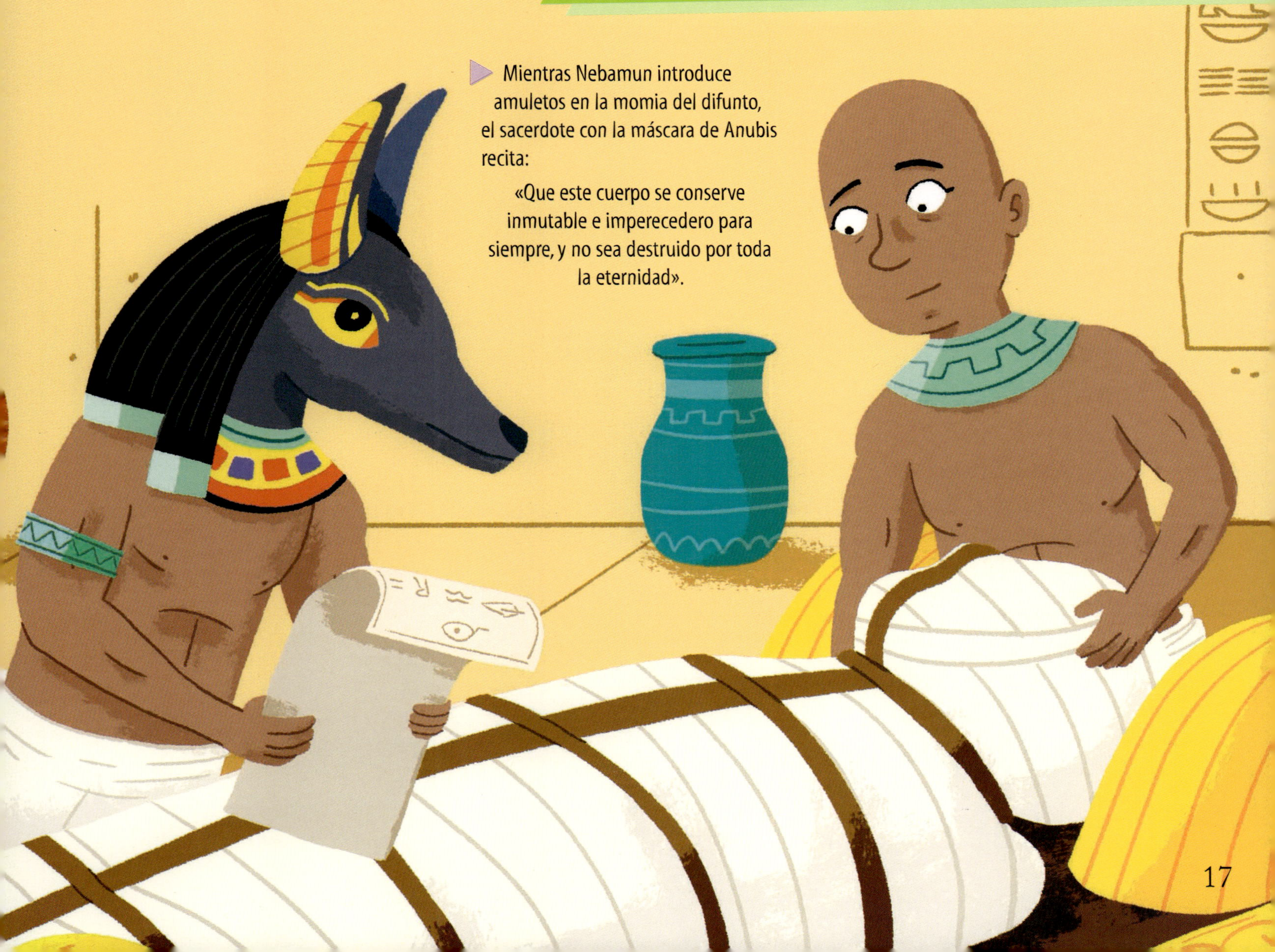

▶ Mientras Nebamun introduce amuletos en la momia del difunto, el sacerdote con la máscara de Anubis recita:

«Que este cuerpo se conserve inmutable e imperecedero para siempre, y no sea destruido por toda la eternidad».

17

SOY ARQUITECTO

Mi nombre es Nefermaat y pertenezco a un gremio cuyas obras han tenido un enorme impacto en el resto de civilizaciones: el de los arquitectos.

«Que impresione»; «que se vea desde todos lados»; «que refleje el poder del faraón»… Estas son algunas de las peticiones que recibo con cada encargo para diseñar una construcción, que es en lo que consiste mi trabajo. Mi especialidad son las pirámides, los templos, los palacios y los obeliscos.

Los arquitectos tenemos fama de serios y antipáticos, y no es cierto; lo que ocurre es que trabajamos de forma metódica y superconcentrados, y –lo reconozco– somos muy perfeccionistas, pero es que los edificios que diseñamos están destinados a durar eternamente, lo que supone una enorme responsabilidad.

Debemos dominar la física, las matemáticas y, sobre todo, la geometría, ya que, por ejemplo, el ángulo de inclinación de las paredes de las pirámides debe tener las medidas exactas para dejar pasar el alma del faraón.

Todos estos datos se explican en el plano-papiro de obra, en el que también se incluye hasta el más mínimo detalle de la decoración (pinturas, relieves…).

Para diseñar estas obras tan «maestras» hay que superar muchos retos: las paredes inclinadas de las pirámides; los muros (ultragruesos, indestructibles); la iluminación sin poner ventanas (para que no entre el calor del desierto)… Por suerte, tengo un «arma secreta», el codo real (una medida que

18

inventamos los egipcios y que equivale a unos 52,3 cm) que me permite alcanzar la perfección.

Lo que más me gusta de diseñar pirámides es «camuflar» las trampas antisaqueos (al faraón se le entierra con todas sus joyas, algo muy «apetecible» para los amantes de lo ajeno): pasadizos, puertas falsas, entradas secretas, bloques de despiste en los pasillos…

Mis colegas y yo contamos con un gran reconocimiento social (sobre todo del faraón, que es nuestro jefe directo) y nuestro referente es el gran maestro Imhotep.

Y, como todos los artistas, tenemos nuestro puntito de vanidad: la costumbre de dejar en las paredes anotaciones relacionadas con la construcción, para dar pistas sobre quién es el autor de la obra… pero sin que se note mucho.

IMHOTEP Y LA PIRÁMIDE ESCALONADA

La primera pirámide fue construida en el siglo XXVII a.C. por Imhotep, el arquitecto más famoso del Antiguo Egipto que, además, era médico y escritor y llegó a ser considerado una divinidad. Se trata de la pirámide escalonada de Saqqara, formada por seis niveles superpuestos que permitían al faraón acceder directamente al cielo, y era uno de los edificios que componían el gran complejo funerario del faraón Djoser.

SOY CAPATAZ

Me llamo Nebnefer y soy el encargado de dirigir el trabajo de unos obreros cuya labor es muy relevante: los que participan en la construcción de las pirámides.

Ser capataz (es decir, jefe) de los obreros especializados en la construcción de las pirámides no es nada fácil. Para empezar, es un grupo muy numeroso que, a su vez, está dividido en categorías, según el tipo de tarea asignada: extraer el granito y otros materiales de las canteras; arrastrar los bloques de piedra hasta el lugar de la construcción, y elevar esos bloques para dar forma al edificio.

Mientras dura la obra, vivimos en poblados perfectamente organizados que compartimos con otros profesionales que también trabajan en la pirámide: yeseros, pintores, artesanos… Estos poblados están aislados del resto del mundo, ya que cada proyecto es *top secret*: tenemos terminantemente prohibido dar ningún tipo de información (ubicación, características, para quién se construye…) y, además, todos los días, al acabar, tenemos que eliminar cualquier resto de escombros, para no levantar sospechas…

▶ Aunque el cargo de jefe de obra o capataz era hereditario, su nombramiento siempre tenía que contar con el visto bueno del faraón o el visir.

Las obras duraban algunos meses… o mucho más (¡la construcción de la pirámide de Keops se prolongó 20 años!) y nuestro trabajo se divide en periodos de 10 días, con 8 horas diarias, en turnos de mañana y noche y un par de horas para comer y descansar. Tenemos suerte, porque nos trae la comida un delicioso servicio de catering a bordo de asnos.

Cada día paso lista para comprobar que están todos en sus puestos y después reparto los cinceles de bronce (su principal herramienta de trabajo) y un manguito de lino para que lo envuelvan y no se hagan daño. Ni los obreros ni el capataz recibimos un salario, sino que se nos paga en especies; pan, cereales, conservas, sandalias, lino…

Las condiciones no siempre son favorables, sobre todo cuando trabajamos en el Valle de los Reyes (en pleno desierto). Yo intento crear buen ambiente y, por eso, les animo a que canten y hagan chistes.

EL TRINEO EGIPCIO

Lo más difícil del trabajo era el transporte de las piedras: para trasladar un bloque «estándar» (60 toneladas) se necesitaban unos 170 obreros. Para ello, los egipcios inventaron unas plataformas con forma de trineo, y echaban agua en los patines, para que el «vehículo» se deslizara mejor. Generalmente el «trineo» era tirado por bueyes, pero si había poco presupuesto, lo movían ellos mismos.

▶ Las condiciones de los obreros eran buenas en general, excepto en el reinado de Ramsés II: como se les empezó a pagar con retraso, simplemente, dejaron de trabajar, protagonizando así una de las primeras huelgas de la historia.

SOY SOLDADO

Me llamo Uni y soy soldado (o guerrero, o militar, como prefiráis) del ilustre ejército del Antiguo Egipto.

Aunque tenemos fama de luchadores, para los egipcios la guerra supone un plan B: nuestra primera opción ante un conflicto es la diplomacia, pero cuando el diálogo y los intercambios de regalos fallan, no nos queda otro remedio que tomar las armas, algo que se nos da muy bien (que se lo pregunten a los hicsos, que salen corriendo cada vez que vienen a incordiar).

Somos un ejército muy profesional: dominamos la lucha cuerpo a cuerpo, somos unos genios organizando expediciones y usamos técnicas infalibles para acorralar al contrario (como el ataque en pinza que, por cierto, inventé yo).

Nuestro entrenamiento no es apto para débiles, con carreras a pleno sol y muchas horas de práctica con las armas: mazas, hachas, espadas curvas y, sobre todo, el arco, que es nuestra especialidad.

El ejército está formado por soldados de a pie, carros de combate (con tres soldados a bordo) y la armada (barcos de guerra). El jefe supremo es el faraón: él nos convoca y nos da las directrices y luego delega en comandantes y generales.

Pero nuestro trabajo no se limita al campo de batalla; en tiempos de paz, desempeñamos muchísimas tareas: construir carreteras y puentes, dragar canales, buscar y extraer oro, proteger a los obreros cuando transportan el material…

También defendemos las fortalezas construidas para disuadir a los enemigos. En este destino, hacemos guardias y patrullamos y durante el tiempo libre (que es mucho) nos dedicamos a los juegos de mesa. Lo mejor es la comida (gratis y deliciosa).

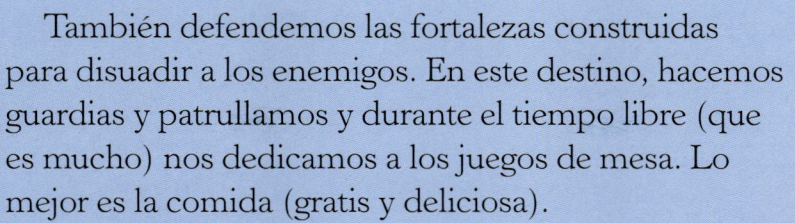

MOSCAS DE LOS VALIENTES

A los soldados destacados se les recompensaba con tierras y esclavos y, además, tenían beneficios económicos y mucho prestigio social. Pero el premio más codiciado era el Oro de los Valientes, un collar con unas moscas colgantes. El origen de esta condecoración está en las tres principales cualidades que se exigían a un miembro del ejército del Antiguo Egipto: valentía, constancia y tenacidad, características que definen a este insecto volador, muy valorado en esa sociedad.

Nuestro uniforme es inconfundible: una faldilla o *shenti* (y el pecho al descubierto, aunque a veces lo cubrimos con cuero de cocodrilo). Este atuendo gana mucho si tienes la suerte de que te condecoren con el Oro de los Valientes, el complemento ideal al *look* guerrero.

▶ Para saber el número exacto de bajas enemigas, los soldados egipcios tenían un método «peculiar»: cortaban una mano a cada uno de los fallecidos en combate y las llevaban al escriba encargado del «cuaderno de guerra», quien hacía el recuento final.

▶ Además de ser la máxima autoridad militar, hubo faraones que participaron activamente en los conflictos. El más famoso de estos faraones guerreros fue Tutmosis III, que lideró a su ejército en 17 ocasiones.

SOY MÉDICO

Mi nombre es Herófilo, pero me gustaría que me llamarais Sr. Doctor o *sunu*, que es el nombre que utilizan mis compatriotas para referirse a la persona que vela por su salud (o sea, yo).

Mi trabajo exige una gran responsabilidad ya que a mí acuden no solo aquellos que padecen un problema físico, sino también los que sufren «penas del alma» (os parecerá increíble, pero tengo la consulta hasta arriba de casos de mal de amores…).

Los egipcios pensamos que todos los cuerpos son sanos; lo que pasa es que hay «intrusos» que entran en él (vientos, fuerzas malignas, gusanos…), ocupándolo y contaminándolo.

Por eso, y aunque no me haga mucha gracia, recurro casi siempre a la ayuda de un mago (ojo, he dicho «ayuda»: mi opinión es la que cuenta) para que mediante conjuros, cánticos y amuletos «espante» al ocupante. Después, ya entro yo en acción, decidiendo el tratamiento según lo que me diga el test de los tres posibles diagnósticos.

En Egipto no hay Facultad de Medicina… ni falta que nos hace, pues tenemos la mejor fuente para conocer el cuerpo humano: la observación de los cadáveres y la experiencia que compartimos con los embalsamadores.

Por eso sabemos que el órgano «estrella» es el corazón y que las venas que parten de él envían a todo el cuerpo el «impulso vital» que sale por el aliento y la respiración. También controla los pensamientos y los sentimientos y, para comprobar que funciona correctamente, hemos inventado una técnica revolucionaria: se llama «tomar el pulso».

Yo me encargo de la salud del faraón y vivo en la corte, pero mis colegas suelen trabajar en canteras, poblados de obreros y expediciones militares.

También investigamos (se conservan cientos de

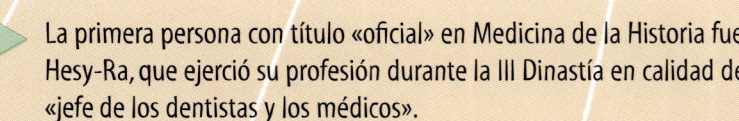

▶ La primera persona con título «oficial» en Medicina de la Historia fue Hesy-Ra, que ejerció su profesión durante la III Dinastía en calidad de «jefe de los dentistas y los médicos».

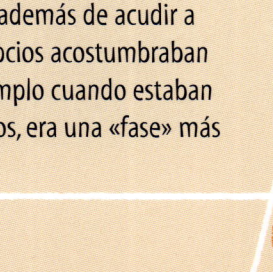

▶ La diosa de la salud era Sekhmet y a sus sacerdotes se les atribuían poderes curativos. Por eso, además de acudir a su médico, los egipcios acostumbraban también ir a su templo cuando estaban enfermos: para ellos, era una «fase» más de la terapia.

papiros científicos) y preparamos las medicinas con ingredientes de distinto tipo: de la naturaleza (aceites, sal marina, plantas, resinas…), del género «asquerosito» (sangre de lagarto, cacas de animales) o de otro tipo (suelas de sandalias quemadas).

Los remedios se toman en forma de polvos y jarabes (también hay ungüentos y supositorios). Sí, saben fatal, pero tengo un truco para mis pacientes: unos panecillos-medicina que los hacen más agradables. Mis curas más frecuentes son lesiones por caídas, heridas y fracturas, seguidas muy de cerca por los problemas… de calvicie.

TRES PREGUNTAS, TRES POSIBLES DIAGNÓSTICOS

En la consulta el médico analizaba al paciente de arriba abajo; comprobaba los síntomas (daba mucha importancia a los olores) y palpaba las distintas partes del cuerpo. Para acertar con el diagnóstico se planteaba a sí mismo tres posibles situaciones: «es una enfermedad que yo trataría» (curable y leve); «es una enfermedad contra la que luchar» (grave) o «es una enfermedad para la que nada se puede hacer» (gravísima, incurable). Según la respuesta, aplicaba un tipo de tratamiento u otro.

SOY MAESTRO

Me presento: soy *ebau*, o lo que es lo mismo, maestro de los niños egipcios. Mi nombre es Asim y (que me disculpen el resto de protagonistas) pienso que mi labor es, de todas, la más necesaria.

Los maestros somos sacerdotes o escribas (es mi caso) que nos dedicamos al 100 % a enseñar y educar a los niños, a los que acompañamos muchos años, pues cada grupo, desde que empiezan (a los 5 años) hasta que se gradúan (a los 16) tiene el mismo –y único– profesor.

Las clases se imparten al aire libre. Me encanta que los chicos (las niñas no van al colegio, reciben educación en casa) aprendan rodeados de la naturaleza, aunque esto no siempre facilita una regla fundamental: estar en absoluto silencio. Cuando yo explico, no se oye… ¡ni el ruido de una mosca! (todo un logro, teniendo en cuenta la cantidad de estos insectos que viven en un clima tan húmedo). No hay pupitres, así que los niños trabajan sentados, con las piernas cruzadas y las tablillas sobre sus rodillas.

Los *ebau* tenemos fama de ser muy exigentes, ya que aplicamos castigos muy estrictos a los alumnos que no trabajan o no se portan como deben. Incluso, en ciertas ocasiones, está permitido dar algún azote (¡yo no le hecho jamás!, no estoy de acuerdo con esos métodos). Por suerte, la mayoría de nuestros alumnos son estudiantes ejemplares y no necesitan de este «correctivo».

De todas las asignaturas la más importante es la escritura, que se aprende con copias y dictados (escriben, escriben y escriben una y otra vez) y, además, la caligrafía debe ser per-fec-ta. Empiezan haciendo trazos sobre piedra caliza (*ostraca*) que luego sustituyen por tableros de madera cubiertos de yeso.

Por cierto, ¿sabéis que los *ebau* «inventamos» el bolígrafo (en nuestro caso, cálamo) con tinta roja para corregir?

También enseño matemáticas (la única asignatura que tiene «libros» de ejercicios), historia, geometría, geografía… Y es que la obediencia a la autoridad (los *ebau* lo somos) y los conocimientos amplios que se aprenden en la escuela son la única vía para ejercer una profesión importante.

▶ El aprendizaje de la lectura consistía en recitar en voz alta palabras y frases cortas de forma repetitiva. Más tarde, tenían que memorizar pasajes enteros y demostrar además que habían entendido muy bien el texto (la comprensión lectora era muy importante).

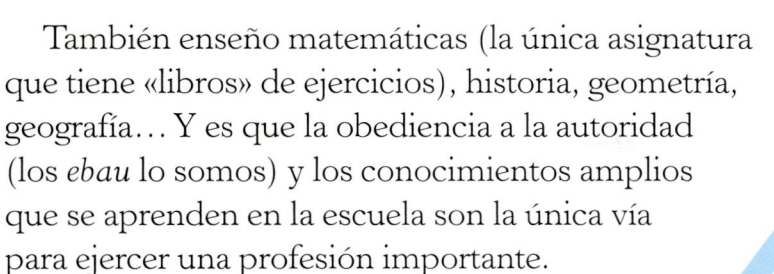

EDUCACIÓN EN CASA

Las niñas eran educadas por sus madres, quienes les enseñaban canto, baile, contabilidad, tocar un instrumento… Muchas tenían además tutores, por eso sabían leer y escribir. Tampoco iban al colegio los hijos de pescadores, campesinos y obreros, a los que desde muy pequeños se les instruía en el oficio de sus padres. Los de los pintores y escultores, en cambio, sí se escolarizaban, pues para continuar con la profesión paterna debían conocer el cálculo y escribir perfectamente.

▶ Una vez acabada la escuela, muchos jóvenes cursaban estudios «superiores» en unos internados que había dentro de algunos templos y que se llamaban «casas de instrucción».

SOY AGRICULTOR

Mi nombre es Sennedjem y represento al grupo de trabajadores más numeroso en el Antiguo Egipto: los agricultores. Conocemos como nadie el «funcionamiento» del Nilo.

Nuestro trabajo es fundamental (sin él, nadie comería). Sin embargo, se trata de una tarea muy dura, realizada bajo un sol abrasador y no está lo suficientemente reconocida… ni remunerada.

Los terrenos que cultivamos no son nuestros, sino que pertenecen al faraón. Tenemos que aprovechar al milímetro la tierra fértil (que es solo un 3,5 % de toda la superficie del país) y hacerlo casi contra reloj, según el «calendario agrícola».

Vivo en una casa de adobe cerca de las tierras que cultivo junto a mi mujer y mis hijos, que me echan una mano siempre que pueden.

Como somos muy espabilados, hemos inventado «ayudas a medida» para facilitar la tarea diaria: hachas en forma de hoz, arados de madera o el *shaduf*, una noria-balancín con un cubo en el extremo que permite sacar agua del río sin demasiado esfuerzo.

El cultivo más abundante es la cebada (indispensable para hacer pan y cerveza), seguido del trigo, el lino y los vegetales: pepinos, ajos, granadas, cebollas…

Me encargo también de reparar los diques y canales; riego las parcelas durante la sequía; pongo a punto las herramientas; controlo las plagas (sobre todo de langosta) que amenazan los cultivos, y cuido a los animales (vacas, ovejas, bueyes) de los nobles y el faraón.

Antes de cada siembra, un escriba mide los campos y calcula la cantidad de grano que debemos «devolver» al estado. Hay dos cosas que nos producen escalofríos a los campesinos: que el Nilo se desborde en exceso, arruinando tanto las cosechas como nuestras casas; y no alcanzar la cantidad calculada por el escriba/capataz. Aunque la mayoría son comprensivos si esto ocurre, otros no dudan en dar unos cuantos latigazos al «infractor»…

UN CALENDARIO AGRÍCOLA, TRES ESTACIONES Y EL NILO

Toda la actividad agrícola estaba determinada por las tres estaciones que marcaba el Nilo: en *Akhet* (junio-octubre), el río se desbordaba sobre las tierras cultivables, depositando en ellas un limo que arrastraba en la crecida, y que era un estupendo abono para la época de siembra o *Peret* (noviembre-febrero), en la que se aprovechaban las características de la tierra (blanda y fértil) para plantar las semillas. La cosecha (*Shemu*, marzo-junio) coincidía con la época de sequía.

Akhet   **Peret**   **Shemu**

▷ Uno de los inventos de los agricultores egipcios fue el «nilómetro», unos pozos con muescas que marcaban el nivel que alcanzaba el Nilo y que permitía prever los efectos de las crecidas y calcular los impuestos que los campesinos debían pagar al faraón.

▷ Los alimentos cosechados se ponían en cestos enormes y, tras prepararlos (separaban el grano de la paja), eran transportados hasta el centro de la ciudad, almacenándose en unos graneros para luego repartirlos entre la población.

SOY COMERCIANTE

Me llamo Urshum y mi nombre, que significa «el gran viajero», os puede dar una pista de mi oficio. En efecto, soy comerciante, una profesión muy entretenida y que me permite conocer muchas personas y lugares.

«Y tú, ¿qué me das a cambio?». Esta es la fórmula que más utilizo en mi día a día. Y es que los comerciantes egipcios nos dedicamos a la compra-venta de productos, pero no usamos dinero (aún no se ha inventado), sino que empleamos un sistema de trueque.

Los productos con los que «trabajo» pertenecen a dos grupos: a los habitantes de las regiones y países limítrofes les llevo las materias primas y artículos que los egipcios tenemos de sobra: lino, cerámica, papiro y alimentos (sobre todo cereales y pescado fresco). En cuanto a lo que «compro», los principales «objetos de deseo» son el oro, el marfil, la plata; los caballos; las especias y, sobre todo, el incienso (indispensable en los templos y ceremonias funerarias) y el aceite de oliva.

La mayoría de los comerciantes somos funcionarios del faraón y tenemos un contrato. A los mejores del gremio nos encargan «misiones especiales», esto es, expediciones organizadas desde la corte con objetivos supersecretos, como por ejemplo conseguir una piedra de determinado tamaño para un templo o un sarcófago real.

Hay otro tipo de comerciantes: los que van por libre y trabajan en mercadillos o llevan sus productos (telas, artesanías, semillas…) a domicilio. No voy a dar nombres, pero algunos de los comerciantes «con contrato real» trabajan también por su cuenta –y hacen trapicheos– a escondidas.

Para realizar los intercambios hay dos opciones: viajar por el Nilo en los barcos «comerciales» o formando parte de caravanas terrestres que cubren dos rutas: hacia el norte y hacia el sur. A mí me gusta más la ruta marítima, ya que es más corta (¡el recorrido de la terrestre puede llegar a los 400 km en medio del desierto!) y, además, creo que es la más adecuada para los funcionarios «de nivel» como yo…

ASÍ FUNCIONABA EL TRUEQUE

El trueque o intercambio era la fórmula utilizada en la compra-venta de todo tipo de productos. Los artículos que se intercambiaban tenían que ser equivalentes (aunque no fueran del mismo tipo, categoría o «especie»), según unas correspondencias establecidas, que todo el mundo conocía y que otorgaban un valor a cada objeto: por ejemplo, un saco de cereales y 5 ovejas equivalían a un asno y dos pares sandalias de cuero.

▶ Los comerciantes extranjeros estaban obligados, al atravesar la frontera egipcia, a pagar un «peaje» consistente en dar al faraón una parte estipulada de sus mercancías. Era la condición para poder trabajar en el Valle del Nilo.

▶ Uno de los productos más codiciados a nivel comercial era la madera de cedro, ya que con ella se construían tanto los sarcófagos de los personajes importantes como los grandes barcos utilizados en las ceremonias religiosas y celebraciones especiales.

SOY ARTESANO

Me presento: mi nombre es Apuki y pertenezco a un gremio muy variado, «ruidoso» y superproductivo: el de los artesanos.

El grupo de los artesanos está formado por todos los que realizamos trabajos manuales: pintores, escultores, alfareros, orfebres, joyeros, curtidores, ebanistas, cristaleros… El oficio es heredado de padres a hijos y –todo hay que decirlo– somos muy buenos en lo nuestro, sobre todo teniendo en cuenta lo básica y reducida que es nuestra caja de herramientas, que nosotros mismos fabricamos con piedra y madera (las de metal

▷ Aunque muchos de ellos sabían leer y escribir, los artistas egipcios no firmaban sus trabajos pues para ellos lo importante era que su creación fuera útil y práctica y no consideraban que fuera necesario que su nombre figurase en cada una de ellas.

Los artesanos del Valle de los Reyes diseñaron, construyeron y decoraron sus futuras tumbas subterráneas cerca de los poblados en los que vivían. Eso sí: estas tumbas eran mucho más sencillas y discretas que las de los faraones, en las que habían participado.

se reservan para los trabajos «especiales»): sierras, cinceles, mazas, martillos, taladros…

Somos los «autores» de prácticamente todas las manufacturas: desde objetos de culto para los templos y mobiliario funerario hasta vajillas, esculturas, sandalias de cuero, joyas, amuletos, etc.

Aunque cada uno es especialista en un tipo de actividad/objeto, trabajamos juntos de forma

EL EMBLEMÁTICO POBLADO DE DEIR-EL-MEDINA

Los artesanos que participaron en la construcción de las tumbas faraónicas del Valle de los Reyes vivieron «aislados» en el cercano poblado de Deir-el-Medina. Habitaban en casas distribuidas a ambos lados de una calle principal, agrupados según su oficio. Era una comunidad de más de 250 profesionales que, además de su sueldo, tenían todas sus necesidades cubiertas (incluida la asistencia médica). Debían firmar una «cláusula» que les prohibía revelar ningún dato de la obra en la que trabajaban.

coordinada –y en modo «multiuso»– en dos tipos de talleres: los oficiales, que dependen del faraón, los templos o el gobierno; y los privados, cuyos clientes no están relacionados con la religión ni con la monarquía.

Los artesanos de talleres oficiales (soy uno de ellos) recibimos formación para mejorar nuestra técnica y participamos en las obras del estado, yéndonos a vivir a poblados cercanos a la construcción, como el de Deir-el-Medina. En estos talleres la actividad está supervisada por un superintendente (también soy uno de ellos), que controla y coordina el ritmo de trabajo.

Los que hacemos un trabajo considerado «artístico» –pintores, escultores, orfebres…– estamos en un nivel superior en cuanto a prestigio e importancia de los encargos (como habréis deducido… sí, también soy uno de ellos). El salario –que nos reparte un «escriba ecónomo»– depende del tipo de proyecto y se hace en especies (raciones de alimentos).

Se nos considera unos vecinos «molestos», ya que empezamos a trabajar muy temprano, acabamos tarde, hacemos mucho ruido y el taller suele estar lleno de polvo y restos de material, pero, ¿quién ha dicho que la creatividad es «limpia y silenciosa»?…

SOY AMA DE CASA

Hola, mi nombre es Naunakhte y soy una de las muchísimas *nebet-per* («señora de la casa»), un título que las mujeres egipcias ostentamos con enorme orgullo desde el momento en que nos casamos.

Ser «ama de casa» es una gran responsabilidad ya que el papel de las *nebet-per* va mucho más allá de las labores atribuidas a las madres de familia (numerosa, en la mayoría de los casos): somos auténticas gerentes de la unidad doméstica y pieza clave de la sociedad faraónica.

Mi jornada empieza muy temprano. Lo primero que hago es encender los hornos que hay en los patios de la casa para cocer el pan (alimento básico en nuestra dieta). Después, refresco y perfumo todas las estancias con incienso y una mezcla de esencias (granos de pino piñonero, resinas, cortezas, cáscara de melón…). En esta tarea diaria reside el secreto del famoso «buen olor» que caracteriza a los hogares egipcios.

También me encargo del huerto (lo riego con agua del Nilo), elaboro la cerveza («arma secreta» frente al calor), ayudo a mi marido (que es agricultor) en la preparación del grano; cambio y adquiero productos en el mercado…

▶ La mayoría de los matrimonios eran concertados por los padres. Las niñas se casaban alrededor de los 12 años y los niños a los 16.

2

La actividad es incesante e incluso aquellas amas de casa con sirvientes a su cargo tienen que supervisarlos continuamente para confirmar que está todo en orden.

Pero sin duda mi labor más importante es la educación de mis hijas. A ello dedico buena parte del día, porque aunque en Egipto hay igualdad y los derechos femeninos están asegurados, cuanto mejor preparadas estén, de más bienestar gozarán en el futuro. Les enseño a leer y escribir, les doy clases de canto y danza y les transmito las pautas para desarrollar habilidades como organizar la casa, hilar el lino o fabricar distintos productos (mis niñas, por ejemplo, son unas expertas en la elaboración de cosméticos).

UNAS ADELANTADAS DE LOS DERECHOS DE LA MUJER

Hombres y mujeres tenían los mismos derechos ante la *Maat* (justicia). A diferencia de las féminas de civilizaciones posteriores, las egipcias se casaban con quien querían, eran propietarias de tierras y bienes heredados a su vez de sus madres y que legaban a sus hijos; podían poner en marcha sus propios negocios, vender y comprar propiedades, emprender acciones legales y ocupar cargos públicos (solo tenían «vetado» el acceso al ejército y a oficios como la cerámica y la orfebrería).

También administramos el patrimonio familiar y si, por desgracia, fallece nuestro marido, nos ponemos al frente de los negocios y de todas las gestiones administrativas. De hecho, y a falta de reconocimiento oficial (todo se andará), consideramos que somos las primeras «mujeres empoderadas» de la Historia.

▶ No existía el matrimonio como lo conocemos hoy: no había ceremonia ni papeleo, sencillamente se iban a vivir juntos.

SOY ESCLAVO

Hola, soy Gemiamón y en otras civilizaciones se me consideraría como un esclavo, pero en Egipto esta circunstancia vital, aunque no es la mejor, no resulta tan «dramática» como puede parecer.

Ante todo, dos aclaraciones importantes: una, en Egipto no existe una palabra que defina a los esclavos; «oficialmente» somos *sequerwanj* («atados de por vida»), pero eso no implica que llevemos una existencia miserable. Y no, los «esclavos» egipcios no construimos las pirámides a golpe del látigo de un cruel capataz (¡qué daño han hecho a nuestra reputación Hollywood y las plataformas de series!).

La mayoría somos prisioneros de guerra que las tropas ponen a disposición del faraón.

Él es quien decide nuestro destino. Muchos pasan a ser «propiedad» de algún militar como premio a sus hazañas en el frente. Otros, como yo, somos un poco «chicos para todo», y nos convocan cuando hay una necesidad puntual o para tareas concretas: ayudar a los campesinos con las cosechas, reforzar las plantillas de las canteras…

La categoría de esclavo tiene una «huella»: un sello marcado a fuego con el nombre del faraón (menos mal que es discreto y podría pasar perfectamente por un tatuaje). Y también está perfectamente registrada en los archivos oficiales (datos, procedencia, referencias…); tenemos asegurada la manutención y el alojamiento; se nos paga un sueldo (pequeño, eso sí); nos dejan subcontratar a otras personas para que nos ayuden en las tareas más duras; si tenemos una profesión (arqueros, artistas…) podemos ejercerla, llegando a ocupar puestos importantes; se nos permite poseer propiedades; participamos en la vida social (por ejemplo, testificando ante un tribunal)… Además, a muchos nos enseñan a escribir, lo que nos coloca en una posición social muy favorable.

Los que están al servicio de un «dueño» tienen la ventaja de que, si se llevan bien con él, se les incluye en su testamento. Asimismo, en los casos –pocos, la verdad– en los que nos sentimos maltratados, podemos reclamar ante la justicia.

SIERVOS, SIRVIENTES Y ESCLAVOS

Había distintas categorías de ciudadanos privados de libertad: los «esclavos» propiamente dichos; los trabajadores forzosos, a los que se encargaban tareas pesadas durante un periodo de tiempo determinado; los siervos reales (al servicio del faraón) y los sirvientes que trabajaban en el ámbito doméstico, los cuales, además del salario estipulado para este grupo social, recibían pagos en especie. También había «esclavos voluntarios», extranjeros que pedían «asilo» a cambio de trabajar la tierra o realizar cualquier otra actividad.

Pienso que de todos los tipos de esclavitud, la mejor es la mía (estar al servicio del faraón), pero ser «esclavo» de una familia rica tampoco está nada mal…

▶ Algunos llegaban a la condición de esclavos como consecuencia de una deuda que no podían pagar. Esto les llevaba a «venderse» a sí mismos como sirvientes y pasar a formar parte de la servidumbre de su acreedor.

▶ Muchas tumbas de nobles y personas adineradas reflejan la excelente relación que mantenían con sus siervos o esclavos, ya que estos aparecen representados de forma destacada en las escenas que narran la vida del difunto.

SOY CANTANTE

Soy Olabisi y mi profesión es la de cantante (también toco varios instrumentos), un trabajo divertido y agotador a la vez pues en Egipto no hay festejo sin música.

Para los egipcios, la música es la mejor forma de celebración y, también, de atraer las fuerzas mágicas. Por eso, las cantantes e instrumentistas tenemos un papel tan importante en las ceremonias religiosas y festividades populares. Desde pequeñas, las niñas aprendemos a cantar y si de mayores decidimos dedicarnos profesionalmente a la música, acudimos a la «escuela de cantoras», donde una instructora perfecciona nuestra técnica y nos enseña a tocar varios instrumentos.

En los templos y los banquetes funerarios interpretamos el repertorio «serio», con melodías monótonas y repetitivas (sí, son un poco aburridas). En cambio, en los banquetes no religiosos y las celebraciones populares podemos «lucirnos» más, ya que cantamos composiciones alegres y festivas, con estrofas muy pegadizas que los asistentes terminan coreando con nosotras.

Otras de nuestras funciones son acompañar a las bailarinas en sus ensayos, tocando los crótalos; marcar el ritmo de trabajo (y animar) a los campesinos durante la cosecha; y hacer actuaciones «sorpresa» al aire libre durante la puesta de sol, para que todo el mundo se relaje al final de la jornada.

Formamos parte de grupos o coros, aunque a veces, a las que están especialmente dotadas para el canto (como es mi caso), nos piden que actuemos en solitario en recepciones de alto nivel. Además del prestigio que supone ser una de las «elegidas», me encanta participar en estos eventos, porque el *dress code* de la «estrella

▶ Una de las estrofas más conocidas del repertorio que interpretaban en los banquetes decía: «Sigue los dictados de tu corazón durante toda tu vida. Celebra una fiesta. No estés apesadumbrado. Nadie que deje esta vida vuelve de nuevo».

invitada» (la cantante) es el mismo que el del resto de los asistentes, así que voy elegantísima.

Las cantantes debemos cuidar mucho nuestra voz y tenemos una disciplina férrea (por ejemplo, antes de cada actuación nos sometemos a un rito de purificación). Además, tenemos que ensayar durante muchas horas, bajo la atenta supervisión de una «instructora de cantantes» que es muy exigente y no deja de repetir la frase «la fama cuesta» cada vez que nos quejamos. ¡Qué razón tiene!

VIRTUOSISMO

La mayoría de las cantantes tocaba también varios instrumentos, algo que no era fácil, teniendo en cuenta el amplio repertorio que había en Egipto, muchos de ellos tan originales como el sistro (una especie de sonajero de forma ovalada); el *nay* (flauta de siete agujeros) o el *riq* (pandereta con cascabeles de bronce). Otros instrumentos habituales –y menos sofisticados– eran el arpa, las castañuelas o los crótalos.

▶ En los templos y «coros» oficiales había distintos tipos de cantantes: las *shemayt* (elegidas «a dedo», generalmente sacerdotisas); las *jeneret* (con un excelente timbre de voz); y las *hesyt* (se encargaban principalmente de tocar instrumentos).

SOY BAILARINA

Me llamo Sharifa y soy bailarina acrobática, una profesión que nos convierte a quienes la ejercemos en auténticas celebridades. Y es que no hay nada como la danza para ahuyentar el mal y los peligros.

A los egipcios nos gusta celebrar todo «moviendo el esqueleto», pero el baile profesional va mucho más allá: es «puro arte acrobático». De hecho, muchos de los números de malabaristas y contorsionistas se inspiran en nuestros movimientos (y, también, la «danza del vientre» es una copia descarada de nuestro repertorio).

Ser una profesional del baile conlleva muchas horas de ensayo en las escuelas de danza de los templos dedicados a la diosa Hathor. Además de ritmo y coordinación, hay que tener una serie de condiciones físicas, sobre todo flexibilidad, ya que todos los estilos de danza se basan en gestos y posturas en las que participa todo el cuerpo e incluyen contorsiones tan difíciles de ejecutar como el pino-puente.

Danzamos en grupos (todas somos mujeres), y nuestras coreografías son muy trabajadas: no hay ningún paso que no se ensaye mil veces, pues teniendo en cuenta que todas incluyen saltos y acrobacias, tenemos que estar muy coordinadas y concentradas.

Bailamos en todo tipo de eventos y escenarios, aunque nuestra actuación más famosa es en los banquetes, donde siempre protagonizamos el «momento estelar». También participamos en ritos funerarios y celebraciones religiosas, y a veces improvisamos actuaciones en plazas y calles, para subir el ánimo de la población.

Nuestro *outfit* es inconfundible: un pañuelo atado a la cintura adornado con abalorios y pedrería que suenan y se mueven al ritmo del baile; los ojos maquillados con khol negro;

▶ Las *Neheret* era un grupo especial de bailarinas que cantaban y danzaban solo en los templos dedicados a Hathor, diosa de la danza y de la música. Alternaban sus actuaciones con las de grupos de bailarines masculinos, pero nunca compartían coreografías con ellos.

collares en el cuello y aretes en las orejas, y en los brazos, además de brazaletes, lucimos unos pequeños tatuajes en forma de rombo que nos identifican como profesionales del baile.

Pero lo más importante de nuestro atuendo es el pelo, liso o rizado (¡totalmente prohibido cortarlo!) y cuyo movimiento forma parte de las coreografías. Cuidarlo requiere mucho tiempo, así que muchas tenemos un plan B secretísimo: una peluca que nos salva de más de un apuro.

ESTILOS DE DANZA ACROBÁTICA

El repertorio de danza acrobática era muy amplio. Uno de los estilos más populares era el que imitaba los movimientos de la naturaleza. También había danzas natalicias (para los rituales de fertilidad), bélicas (con movimientos que simulaban los combates); funerarias (para «celebrar» el tránsito al Más Allá y en ellos, las bailarinas se ponían ceniza en el pelo en señal de luto); profanas (las típicas de los banquetes)…

▶ La mayoría de los grupos de danza estaban supervisados por un «inspector de bailarinas» encargado de comprobar que cada actuación —desde el vestuario hasta la coordinación de los pasos— estaba perfectamente preparada.

MAR MEDITERRÁNEO

Delta del Nilo

PIRÁMIDES DE GUIZA

ESFINGE

HELIÓPOLIS

BAJO EGIPTO

SAQQARA

MENFIS

Sinaí

Río Nilo

MAR ROJO

KARNAK

TEMPLO DE HATSHEPSUT

TEBAS

ALTO EGIPTO

LUXOR

TUMBA DE TUTANKAMÓN

ASUÁN

ABU SIMBEL

EL ANTIGUO EGIPTO

Rodeada por el desierto, la gran civilización del Antiguo Egipto surgió a lo largo de la fértil tierra del río Nilo y se prolongó durante más de 3 000 años, convirtiéndose en una de las civilizaciones más poderosas y emblemáticas de la historia.

42

EL REGALO DEL NILO

Toda la actividad del Antiguo Egipto estaba determinada por el río Nilo (que recorría el país de sur a norte y desembocaba en el Mediterráneo), cuyas crecidas marcaban el trabajo de los campesinos, asegurando una agricultura muy productiva (principal fuente de riqueza del país) y otras actividades como el comercio, que utilizaban el río como vía de comunicación.

BUSTO DE NEFERTITI

OJO DE HORUS

MÁSCARA DE TUTANKAMÓN

ANKH

PIRÁMIDES

SARCÓFAGO

ESFINGE

ESCARABEO

MOMIA

LÍNEA DEL TIEMPO

Imperio Antiguo (3100 a.C.-2200 a.C.)
Dinastías III a VIII

Una de las épocas más prósperas, con un gobierno centralizado que ejercía un poder absoluto y en la que se construyeron algunos de los monumentos más importantes (las pirámides de Guiza y la pirámide escalonada de Saqqara). La capital estaba en Menfis.

Imperio Medio (2200 a.C.-1800 a.C.)
Dinastías IX y XII

La capital se traslada a Tebas, en el centro del Imperio. En este periodo se produce la invasión de los hicsos, un pueblo vecino con el que los egipcios estaban en continuo conflicto.

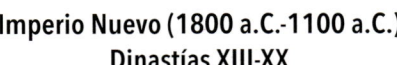

Imperio Nuevo (1800 a.C.-1100 a.C.)
Dinastías XIII-XX

Periodo de gran crecimiento y expansión, que dio lugar al primer gran imperio del mundo (desde Nubia hasta el río Eufrates, en Asia). Es la época dorada de esta civilización, en la que la capital volvió a situarse en Tebas y durante la que hubo importantes avances en la política, en la educación y en el arte, con la construcción de grandes templos.

Periodo tardío (1100 a.C.-30 a.C.)

Etapa en la que Egipto fue dominado sucesivamente por distintos pueblos extranjeros (persas, asirios, griegos), convirtiéndose en el siglo VI a.C. en una provincia del Imperio Persa. En el 332 a.C. Alejandro Magno conquistó este territorio y fundó una nueva capital: Alejandría, que formaba parte del Imperio Helenístico.

Imperio Romano (30 a.C.-400 d.C.)

Periodo de inestabilidad y guerras internas, que culminó con el reinado de Cleopatra, a cuya muerte, Egipto quedó integrado dentro del Imperio Romano.

DIOSES Y DIOSAS

Los egipcios eran politeístas, es decir, adoraban a muchos dioses, los cuales formaban parte de su vida cotidiana y a los que veneraban en templos construidos para darles culto. Cada dios podía tener distintos nombres, desempeñar varias funciones y ser representado de diferente manera, según el periodo histórico y la dinastía gobernante.

RA

La divinidad más importante, se identificaba con el faraón y era el dios creador, responsable directo de que el sol realizara todos los días su recorrido, asegurando así la existencia del mundo. En el Imperio Nuevo se «fusionó» con Amón («señor de los cielos y de toda la eternidad») dando lugar al dios Amón-Ra, que personalizaba la fuerza vital y la creación.

Cómo se identificaba: llevaba el disco solar, rodeado de una serpiente, en la cabeza, y en la mano derecha el símbolo de la vida (el *ankh*).

BASTET

Al principio era la «guardiana del faraón», pero luego pasó a ser también la protectora del hogar, especialmente frente a los espíritus malignos que provocaban enfermedades en las mujeres y en los niños; de la vida doméstica y de los gatos (animal considerado sagrado en Egipto). Representaba la armonía y la felicidad.

Cómo se identificaba: mujer con cabeza de gato, que llevaba en una mano el *ankh* y en la otra un sistro (instrumento musical).

HATHOR

Diosa del amor, la música, la danza y la alegría, era la esposa de Horus y fue una de las deidades más importantes y populares. También era la diosa de las tierras extranjeras. Su protección no se limitaba a los humanos, sino que se extendía a algunos metales y piedras preciosas (cobre, turquesas).

Cómo se identificaba: con cuerpo de mujer, cabeza de vaca y llevando un disco solar entre los cuernos. También se representaba como mujer con cabeza humana y dos cuernos.

ANUBIS

Dios de los muertos, encargado de proteger a los difuntos de cualquier daño que pudieran sufrir sus restos mortales. Otra de sus misiones era acompañar a las almas que entraban en el reino de ultratumba hasta el tribunal de Osiris. Era la divinidad protectora de los embalsamadores, de la necrópolis y de la momificación.

Cómo se identificaba: con una cabeza de chacal (aunque a veces se sustituye por la de un animal mezcla de hiena, lobo, perro y zorro) sobre un cuerpo de hombre.

MA'AT

Era la personificación de un concepto fundamental en Egipto, la *Ma'at*, es decir, la justicia, el equilibrio y la verdad. Se le consideraba la divinidad responsable del orden.

Cómo se identificaba: como una mujer con una pluma de avestruz sobre la cabeza.

HORUS

Hijo de Isis y Osiris, era el «dios halcón» que dominaba los cielos y protegía a la realeza en general y al faraón en particular.

Cómo se identificaba: con cabeza de halcón y cuerpo de hombre. También le representaban como un halcón de gran tamaño.

OSIRIS

Se creía que había sido el primer rey de Egipto que, al morir, se convirtió en dios-rey del mundo de los difuntos y, como tal, se le veneraba. Divinidad de la muerte y la resurrección, era el encargado de juzgar a las almas.

Cómo se identificaba: se representaba como un hombre amortajado, que llevaba una mitra con dos plumas de avestruz y, en sus manos, el cetro y el látigo, principales atributos del poder real.

SETH

Ostentaba los títulos de «dios violento de las tempestades» y «señor del desierto». Asesinó a su hermano, Osiris, descuartizando su cadáver y repartiendo los restos por distintos sitios, por eso también se le consideraba «dios del mal».

Cómo se identificaba: con cabeza de perro y cuerpo de hombre o, también, en forma de animal muy extraño, con un hocico grande y largas orejas.

ISIS

Esposa de Osiris, diosa de las mujeres y de la fecundidad, era la encargada de proteger a la familia y se la consideraba la «Gran Maga» y la «diosa madre». También era la protectora de la artesanía. Devolvió la vida a su marido recogiendo sus restos esparcidos por todo el universo.

Cómo se identificaba: como una mujer coronada en su trono, aunque podía adoptar diversas formas.

PTAH

Dios creador de los humanos, al que se le rendía culto especial en Menfis. Protegía a los artesanos y a los artistas y se le consideraba el «Escultor de la Tierra».

Cómo se identificaba: como un hombre de pequeño tamaño envuelto en vendas (momificado), con un tocado azul y llevando en las manos los símbolos de la vida y la fertilidad y el cetro que representaba la estabilidad.

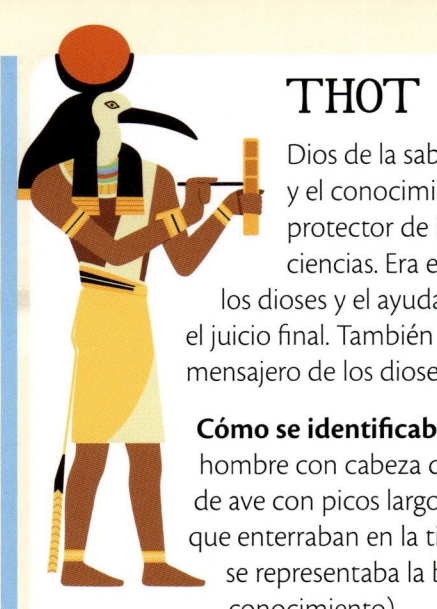

THOT

Dios de la sabiduría, la escritura y el conocimiento y, por tanto, protector de la cultura y de las ciencias. Era el registrador de los dioses y el ayudante de Osiris en el juicio final. También se consideraba mensajero de los dioses.

Cómo se identificaba: como un hombre con cabeza de ibis, un tipo de ave con picos largos y estrechos que enterraban en la tierra (con ello se representaba la búsqueda del conocimiento).

SHEKMET

Diosa de las guerras y los combates y, también, de las plagas y de la destrucción. Protectora de la medicina y de las mujeres, recibía el tratamiento de «la Poderosa». También era protectora de los faraones, a los que guiaba en la guerra.

Cómo se identificaba: como una mujer con cabeza de león y vestida de rojo, en representación de la sangre.

LA SOCIEDAD EGIPCIA

La sociedad egipcia tenía una estructura piramidal. Los límites de cada uno de los peldaños de esta pirámide eran muy rígidos, por lo que resultaba muy difícil (casi imposible) cambiar de clase social.

SACERDOTES
La autoridad más importante después del faraón. Su papel era fundamental en las ceremonias religiosas y los ritos funerarios.

SOLDADOS
Su misión principal era proteger al pueblo y conquistar nuevos territorios.

COMERCIANTES Y ARTESANOS
Se encargaban de elaborar, importar y exportar todo tipo de productos.

AGRICULTORES
Explotaban las tierras propiedad del faraón a orillas del Nilo.

FARAÓN
Máxima autoridad que controlaba todo Egipto, ejerciendo un poder absoluto e ilimitado.

NOBLES Y FUNCIONARIOS
Los más cercanos al faraón: consejeros, visires, gobernadores y escribas.

ESCLAVOS
Desarrollaban todo tipo de labores. No tenían privilegios, pero sí derechos básicos.

PIRÁMIDES Y MOMIAS

Para los egipcios, la muerte era una etapa más que servía como entrada a una nueva vida que comenzaba en el Más Allá, una «segunda existencia» que explica la importancia que tenían las dos principales aportaciones de esta civilización a la Historia: las pirámides y las momias.

LAS PIRÁMIDES

Las pirámides eran construcciones gigantescas destinadas a acoger el cuerpo de los reyes/faraones y también de algunos personajes relevantes y adinerados. Tenían esa forma para facilitar el acceso del difunto al cielo.

En su interior había una cámara central donde se depositaba el sarcófago del faraón y un anexo en el que se depositaban las ofrendas que aseguraban su supervivencia en el Más Allá; y otros habitáculos en los que se guardaba el ajuar del difunto (muebles, ropa de cama, baúles y otros objetos cotidianos), sus riquezas y pertenencias. Una vez depositado el sarcófago, la cámara funeraria se sellaba con enormes rocas para blindar su eterno descanso, pero muchas pirámides sufrieron numerosos saqueos.

INTERIOR DE LA GRAN PIRÁMIDE DE KEOPS

ENTRADA

1 CÁMARA DEL REY
2 GRAN GALERÍA
3 CÁMARA DE LA REINA
4 CÁMARA SUBTERRÁNEA

LA MOMIFICACIÓN

En esa «segunda vida» en el Más Allá era fundamental evitar la descomposición del cuerpo, que debía conservarse entero para retener la fuerza vital, el *ka*. Para ello, los egipcios crearon una técnica de conservación o embalsamamiento, llamada momificación, llevada a cabo por profesionales y que consistía en un minucioso proceso que duraba unos 70 días en el que se extraían las vísceras y se envolvía con vendas y aceites el cuerpo del difunto.

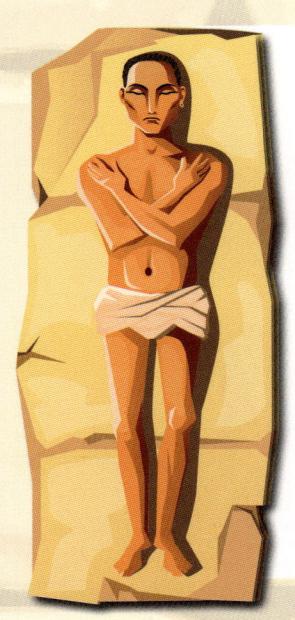

1 Primero se extraían el cerebro y los órganos internos. Solo se dejaba el corazón, porque los egipcios pensaban que en él residían la inteligencia y los sentimientos.

2 Las vísceras del difunto, lavadas y embalsamadas, se guardaban en unos vasos especiales, llamados vasos canopos.

3 Tras lavar el cuerpo con vino de palma, se rellenaba el interior con natrón (una sal natural) y también se rociaba con ella por fuera el cuerpo.

4

Esta cuarta etapa tiene por objetivo preservar la carne y evitar la desintegración del cuerpo. Envolvían el cuerpo con finas vendas y colocaban amuletos en el cuerpo del difunto, después de haber llenado las cavidades abdominales y la caja torácica con tampones de lino impregnados con resina.

5

Finalmente, cubrían la cabeza del difunto con una máscara funeraria y colocaban el cuerpo en un sarcófago. A lo largo de este complejo proceso, los embalsamadores recitaban oraciones por el alma del difunto.

LA ESCRITURA JEROGLÍFICA

Para escribir, los egipcios empleaban dibujos y signos que formaban un sistema llamado jeroglífico. Este tipo de escritura y sus dos variantes –la hierática y la demótica– se utilizó durante unos 3 500 años.

La escritura jeroglífica se basaba en unos 700 símbolos que representaban objetos, utensilios cotidianos, animales, plantas y partes del cuerpo. Según se usaran, estos símbolos podían indicar un concepto, palabras enteras, sílabas, letras o un sonido. Se escribían tanto horizontal como verticalmente. Si los símbolos de personas y animales miraban hacia la izquierda, se leían en ese sentido; y si miraban a la derecha, la lectura se hacía de derecha a izquierda.

La escritura jeroglífica «original» estaba reservada a los textos grabados o pintados sobre monumentos y estatuas. Sin embargo, era muy difícil usar sus signos e interpretarlos, así que pronto surgieron versiones simplificadas, que permitían una escritura más rápida y comprensible: la hierática, utilizada por los escribas y sacerdotes para textos sagrados y oficiales, y la demótica, la más popular, aún más sencilla que la anterior y que era la empleada por el resto de los ciudadanos que sabían escribir.

¡Utiliza este conjunto simplificado de jeroglíficos para escribir tu nombre y enviar mensajes codificados a tus amigos!

A	B	C	D	E,I	F	G	H	J	K	L
buitre	pierna	cesto	mano	caña/junco	víbora	vasija	trenza	serpiente	cesto	león

M	N	O	P	Q	R	S	H	U,W	Y	Z
búho	agua	lazo	taburete	duna/colina	boca	tela	pan	polluelo	doble caña/junco	cerrojo